융합논술 전통문화 _ 시간의 수호신 십이지신
열두 띠 이야기

우리나라에는 옛날부터 전해 오는 전통문화 이야기가 참 많아요. 이야기는 산 넘고 물 건너, 긴 시간도 훌쩍 뛰어넘어 지금도 우리에게 신나는 상상의 보따리를 선물해 주지요.

이 책 『열두 띠 이야기』는 예로부터 우리 문화 속에 어우러진 열두 띠 동물의 유래와 그 의미를 알려 주는 설화를 토대로 재창작한 이야기예요. 어린이의 눈높이에 맞춘 입말체와 이야기 구성으로 우리 문화의 가치를 이해하고 쉽고 재미있게 이야기를 즐길 수 있답니다.

아무리 다양한 곡물과 여러 재료가 있어도, 그것들을 절구에 담아 절굿공이로 정성스레 찧거나 빻지 않으면 차진 떡을 맛볼 수 없지요. 이룸아이가 야무진 절굿공이가 되어 흩어져 있는 전통문화 이야기를 모아 차지고 맛깔나게 빚어 낸 이야기, '**융합논술 전통문화 그림책**' 시리즈입니다.

절굿공이: 곡식을 찧을 때 절구와 함께 쓰는 나무나 돌로 만든 도구

십이지신

시간과 방위, 계절의 변화를 관장하는 열두 동물 '십이지신'은 쥐·소·호랑이·토끼·용·뱀·말·양·원숭이·닭·개·돼지예요. 자연의 질서를 이해하려고 하루와 해의 흐름을 열두 부분으로 나누고, 각 부분을 상징하는 동물을 정해 이름을 붙였지요. 이렇게 만들어진 십이지신은 해가 바뀔 때나 태어난 해를 말할 때 지금도 널리 쓰이고 있어요.

"이제 다가오는 새해는 돼지해가 되겠구나."
새해가 되면 사람들은 해에 양이나 토끼 같은 동물의 이름을 붙여 불러요.
왜 이렇게 동물의 이름을 붙여서 부르게 된 것일까요?
그것을 알려면 까마득히 오랜 옛날로 거슬러 올라가야 한답니다.

옛날 아주 먼 옛날,
하늘나라에는 온 세상을
보살피는 임금님이 살고 있었어요.

그런데 어느 날,
동물들이 모여 있는 곳에서
소란스러운 소리가 들렸어요.
임금님은 깜짝 놀라
그곳을 내려다보았지요.

개와 원숭이는
서로 자기가 잘났다고 싸우고,
닭은 자신의 먹이를 먹어 버린 돼지 때문에
화가 나서 날개를 파닥거리고 있었죠.
닭의 깃털이 날려 쥐는 재채기를 했고,
재채기 소리에 놀란 뱀은 그만 호랑이의
뒷다리를 물어 버렸어요.
호랑이는 아파서 사납게 으르렁거렸고,
토끼와 양은 성난 호랑이를 피해 숨기 바빴어요.
이 와중에도 소와 말은 내내 잠만 자고,
용은 몸을 똬리 튼 채 다른 동물들을
나 몰라라 하고 있었답니다.

이런 모습을 지켜본 임금님은
한숨을 푹 내쉬었어요.
그러고는 동물들을 하늘나라로 불러 모았지요.

"왜 우리를 부르신 걸까?"

"글쎄?"

임금님의 부름에 모인 동물들은 소곤거렸어요.

"여봐라!"

임금님이 나타나자 동물들은 순식간에 조용해졌어요.

"다음 해 첫날, 내게 세배를 오너라."

임금님의 말에 모두 시큰둥해했어요.

'새해 첫날 세배? 에이! 그거야 해마다 하던 일이잖아!'

'특별할 것도 없는데……'

동물들은 차마 겉으로 드러내지 못하고 속으로만 툴툴거렸어요.

"먼저 세배한 열두 동물에게 상을 주마."
동물들의 귀가 쫑긋해졌어요.
"상을 주신다고요?"
"와!"
동물들이 소리쳤어요.

"단, 그냥 오면 안 된다."
임금님이 힘을 주어 다시 말했어요.
"사람들에게 유익한 선물을 하나씩 주고 오너라.
그 동물들의 세배만 받겠다."
동물들은 다시 시끌시끌해졌어요.
"유익한 선물?"
"사람들이 뭘 좋아할까?"
"사람들에게 도움을 주라는 말씀이 아닐까?"

동물들이 시끌시끌 떠드는 동안
소는 제일 먼저 인간 세상으로 내려왔어요.
"내가 먼저 세배해서 가장 좋은 상을 받을 거야."
소는 잔뜩 꿈에 부풀어 있었지요.
소가 발을 멈춘 곳은 어느 농부의 밭 근처였답니다.
농부는 쟁기를 어깨에 메고 힘겹게 밭을 갈고 있었어요.
농부는 진땀을 흘리다 못해 숨을 헉헉 몰아쉬었지요.
'어유, 너무 힘들어 보이네. 내가 도와줘야겠어.'
소는 농부 대신 쟁기를 메고 열심히 밭을 갈았어요.

어둑한 밤에 **쥐**가 도착한 곳은 작은 어촌이었어요.
"어디로 가면 좋을까? 저 배를 타고 떠나 보자."
쥐는 부두에 매인 조그마한 배에 올라탔어요.
배 안의 작은 방에는 어부가 한 사람 잠자고 있었어요.
쥐도 어부의 발치에서 잠을 청했지요.
그런데 꼬리가 물에 젖는 것이 느껴졌어요.
글쎄, 배의 바닥에 금이 가서 물이 새는 게 아니겠어요!
쥐는 깜짝 놀라 소동을 피우며 어부를 깨웠어요.

"휴, 쥐 덕분에 목숨을 구했어."
서둘러 배 밖으로 나온 어부는
안도의 숨을 내쉬었지요.

호랑이도 인간 세상으로 내려왔어요.
그런데 사람들은 호랑이가 무서워서 피하기만 했어요.
"이래서야 사람에게 도움을 주고 싶어도 줄 수가 없잖아."
별수 없이 호랑이는 큰 덩치를 감춘 채
마을 입구를 어슬렁거렸어요.

그러던 어느 날이었어요.
작은 남자아이가 허겁지겁 마을에서 달려 나오며 소리쳤어요.
"도와줘요. 도와주세요! 누가 나를 막 때려요!"
호랑이는 다른 동물들과 달리 귀신을 알아볼 수 있었어요.
그래서 아이의 등에 *역신이라는 나쁜 귀신이
들러붙은 것을 보았지요.
"어흥! 역신아, 물러가라!"
호랑이는 큰 소리로 울부짖었어요.
놀란 역신은 달아났고, 그제야 아이는 안심할 수 있었답니다.

*역신 : 민간 풍속에서 전염병(천연두 등)을 퍼뜨린다고 믿는 신

토끼는 사람들이 귀엽게 여겨서
마을에 쉽게 머무를 수 있었어요.
때마침 토끼가 들른 집에는 할머니와 손자가 살고 있었지요.
어린 손자는 밤하늘에 뜬 달을 보고 무서워 엉엉 울었어요.
"무서워! 무서워! 아무것도 없는 달은 달걀귀신 같아!"
할머니가 아무리 달래도 손자는 울음을 그치지 않았어요.
꾀 많은 토끼는 바로 달로 향했어요.
그리고 달 속에서 떡방아를 찧기 시작했지요.
떡가루가 날려 까만 밤하늘에서 반짝였어요.
그 뒤로 어린 손자는 달을 보고 울지 않았답니다.

용이 내려간 곳은
땅이 쩍쩍 갈라질 정도로 가뭄이 심한 마을이었어요.
이른 아침, 한 소녀가 정화수를 떠 놓고
하늘나라 임금님에게 빌고 있었어요.
"제발 비가 내려서 농사를 지을 수 있게 해 주세요."
용은 소녀의 기도가 꼭 이루어지게 해 주고 싶었어요.
하늘나라로 올라간 용은 임금님에게
마을의 가뭄과 소녀의 기도를 전하고
비가 내리게 해 달라고 간절히 청했어요.

어느새 가뭄이 심했던 마을에 비가 내리기 시작했어요.
사람들은 기뻐서 밖으로 나와 온몸으로 비를 맞이했고
갈라졌던 땅에는 곡식들이 자라났답니다.

'사람들은 왜 나를 싫어하지?'

뱀은 사람들 눈에 잘 띄지 않는 마루 밑에서 숨어 지냈어요.

그런데 어느 날, 방 안이 소란해졌어요.

뱀은 천장의 *대들보를 따라 스르륵

방 안으로 기어 들어갔지요.

방 안에는 아기를 낳다가 지친 여인이 있었고,

그 곁에 있던 할머니는 깊은 한숨을 내쉬었어요.

"아이고! 힘줄 때 쓸 만한 줄 같은 게 있으면 좋으련만……."

이 말을 들은 뱀은 꿈틀꿈틀 움직여 허물을 벗고는

툭 하고 방바닥에 떨어뜨렸어요.

---

* **대들보** : 기둥과 기둥을 연결하기 위하여 그 사이에 가로질러 놓은 큰 기둥

허물을 발견한 할머니는 기뻐하며
서둘러 천장에 매달았어요.
여인은 뱀의 허물을 끈처럼 잡고 힘을 줄 수 있었어요.
곧 귀여운 아기들이 차례로 태어났지요.
"여보게, 건강한 쌍둥이일세!"
할머니의 외침에 방문이 활짝 열렸어요.
아버지가 된 젊은 남자는
함박웃음을 지었답니다.

말은 아주 외딴 마을에 도착해서 머물고 있었어요.
그런데 마을의 한 아이가 갑자기 열이 높게 오르며 아팠어요.
"지금 의원을 모시러 가도 사흘 후에나 도착할 거야.
어쩌면 좋아!"
외딴 마을에는 의원이 없어서 아이의
부모는 발만 동동 구르고 있었답니다.
'난 눈 깜짝할 사이면 의원님을 모시고 올 수 있어!'
말이 의원의 집을 향해 달렸어요.
그러고는 의원을 등에 태우고
마을로 돌아왔지요.
말의 빠른 발 덕분에 아이는
병을 고칠 수 있었답니다.

양이 도착한 땅에는 쓸모없는 풀만 가득했어요.
"왜 베어 내고 또 베어 내도 끊임없이 자라나는 거야!"
자꾸 자라나는 풀 때문에 사람들은 쉴 틈이 없었어요.
양은 느긋하게 웃으며 풀을 먹어 치웠답니다.
사람들은 더 이상 풀 때문에 고민하지 않아도 되었고,
풀을 뜯는 양의 모습을 보며 모처럼 여유로움도 느꼈답니다.

원숭이가 들른 집의 부부는 매일같이 싸웠어요.
'저렇게 사소한 일로 싸우다니, 한심해.'
원숭이는 부부가 서로 삿대질하는 모습을 흉내 내어 보였지요.

원숭이가 하는 짓이 재미있어
깔깔거리며 웃던 두 사람은 이내 원숭이가
자신들을 흉내 내고 있다는 걸 깨달았어요.
"세상에! 우리가 저렇게 흉한 모습이었던가요?"
"그랬나 보구려.
우리 더는 남의 웃음거리가 되지 말고
좋게 이야기합시다."
부부는 사소한 일로 싸우던 것을 어느새 잊고
나란히 사이좋게 웃음 지었어요.

닭이 찾아간 곳은 나무꾼이 사는 산골이었어요.
이곳은 해가 늦게 뜨고 일찍 져서
나무꾼은 아침마다 늦잠 자기 일쑤였지요.

"일찍 일어나야 더 많은 나무를 할 수 있을 텐데……."
매일같이 걱정하며 잠이 드는 나무꾼을 보고,
닭은 나무꾼을 도와주기로 했어요.
"꼬끼오!"
다음 날 새벽, 나무꾼은 화들짝 놀라 잠에서 깨어났어요.
그 뒤로 새벽마다 큰 소리로 아침을 알리는 닭 덕분에
나무꾼은 걱정 없이 잠들 수 있었답니다.

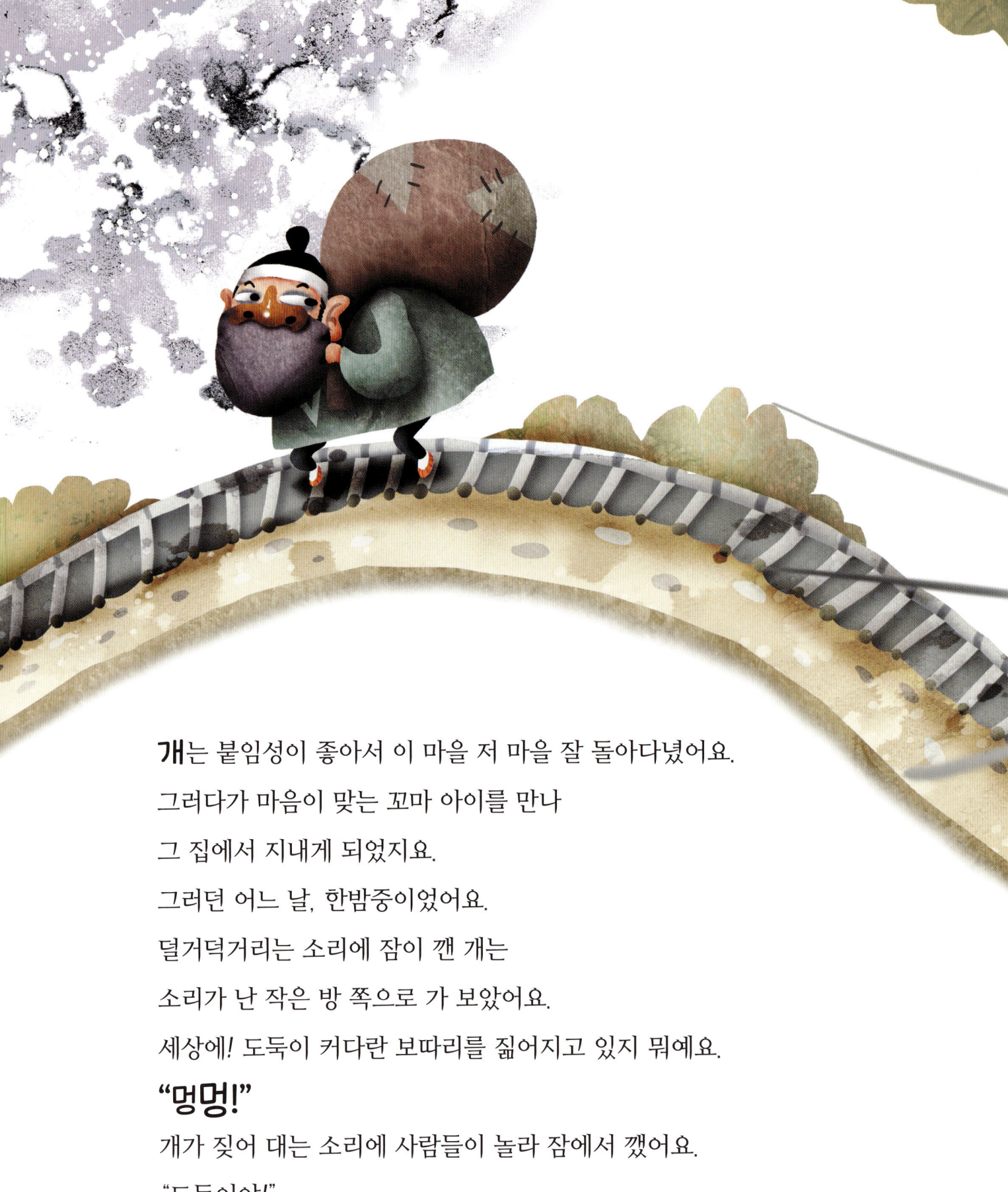

개는 붙임성이 좋아서 이 마을 저 마을 잘 돌아다녔어요.
그러다가 마음이 맞는 꼬마 아이를 만나
그 집에서 지내게 되었지요.
그러던 어느 날, 한밤중이었어요.
덜거덕거리는 소리에 잠이 깬 개는
소리가 난 작은 방 쪽으로 가 보았어요.
세상에! 도둑이 커다란 보따리를 짊어지고 있지 뭐예요.
"멍멍!"
개가 짖어 대는 소리에 사람들이 놀라 잠에서 깼어요.
"도둑이야!"
사람들은 개의 도움으로 도둑을 잡게 되었답니다.

'난 힘이 세지도 않고, 발이 빠르지도 않아.
먹는 거라면 잘할 수 있는데,
이걸로 사람들에게 도움을 줄 수 있을까?'
돼지는 고민했어요. 하지만 돼지의 고민은 아주 잠시였어요.
곧 킁킁거리며 달콤한 냄새를 따라가느라 잊어버렸거든요.
돼지가 도착한 곳은 어느 가난한 집의 마당이었어요.
산나물과 열매를 정리하던 소녀는
돼지에게 망가진 열매를 나눠 주었지요.
그 뒤로 돼지는 그 집에 머물면서 냄새로 나물과
열매가 있는 곳을 알아내 소녀에게 알려 주었어요.

가을이 될 무렵 돼지는 마을 뒷산,
소나무 밑에서 맛있는 냄새를 맡았어요.
돼지가 앞발로 그곳을 파헤치자 송이버섯이 나왔어요.
돼지는 송이버섯을 입에 물고 집으로 돌아왔어요.
"어머! 이거 어디서 났어?"
송이버섯을 본 소녀는 무척 기뻐했어요.
송이버섯은 비싸게 팔 수 있었거든요.
소녀는 송이버섯을 팔아서 번 돈으로
병든 어머니를 치료해 드릴 수 있었답니다.

어느덧 새해가 되었어요.

사람에게 '도움'이라는 유익한 선물을 준 동물들은

임금님한테 세배를 하러 떠났어요.

맨 처음 하늘나라로 출발한 동물은 소였어요.

그런데 소의 등에는 쥐가 몰래 올라타고 있었지요.

임금님이 있는 궁 앞에 다다르자,

소 등에 몰래 올라타고 있던 쥐가 폴짝 뛰어내렸어요.

그러고는 소보다 한발 앞서 쪼르르 임금님에게 달려갔답니다.

이렇게 **쥐**는 가장 먼저 임금님한테 세배를 했지요.

소는 억울하긴 했지만 두 번째로 세배를 했어요.

그다음으로
호랑이, 토끼, 용, 뱀, 말, 양, 원숭이, 닭, 개, 돼지가
차례대로 임금님한테 세배를 했답니다.

임금님은 약속대로 동물들에게 상을 주었어요.
"사람들에게 도움을 준 너희는
시간을 지킬 힘이 충분히 있단다."
임금님은 하루를 열두 번으로 나누어
열두 동물에게 세배한 순서대로
시간을 지키는 힘을 주었답니다.

쥐는 부지런한 힘, **자시**

소는 기운 센 힘, **축시**

호랑이는 용맹스러운 힘, **인시**

토끼는 슬기와 지혜의 힘, **묘시**

용은 물을 다스리는 힘, **진시**

뱀은 끈기와 참을성을 기르는 힘, **사시**

말은 늠름하고 재빠른 힘, **오시**

양은 착하고 여유로운 힘, **미시**

원숭이는 재주와 재능이 많은 힘, **신시**

닭은 알찬 시간을 보내는 힘, **유시**

개는 충성과 믿음을 주는 힘, **술시**

돼지는 부자가 되는 힘, **해시**

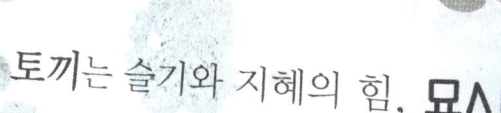

임금님은 착한 일을 한 동물들이 무척 기특했어요.
그래서 상을 하나 더 내렸지요.
"일 등을 한 쥐를 위해서 올해를 쥐해로 정하자꾸나."
갑작스러운 임금님의 말에 쥐는 기뻤지만
다른 동물들은 조금 서운했어요.
"서운해하지 말려무나. 시간과 마찬가지로
해도 돌아가며 너희 각자의 해가 되게 할 테니."
임금님의 말을 듣고 동물들은 모두 기뻐했어요.
"야호! 그럼 내년은 나, 소해다!"
"그다음은 나, 호랑이해이고!"
"맨 마지막은 나, 돼지해가 되겠네!"

얼마 지나지 않아 이 이야기가 온 세상에 퍼졌어요.
그 이후로 사람들도 해에 동물의 이름을 붙여
올해는 개해, 내년은 돼지해라고 부르고,
개해에 태어난 사람을 개띠,
돼지해에 태어난 사람을
돼지띠라고 하게 된 것이랍니다.

글 _ 김학연

대학교에서 생물학, 과학 교육을 전공하고 어린이들을 가르쳤습니다. <Zero>의 스토리 작가로 입문하면서 본격적으로 글을 쓰기 시작했습니다. 좋은 어린이책을 만들기 위해 열심히 글을 쓰고 있습니다. 주요 작품으로 <Can>, <대통령이 된 바보>, <황금의 바닷길을 찾아라!>, <미지의 얼음 대륙을 정복하라!> 등이 있습니다.

그림 _ 정경호

대학에서 시각 디자인을 전공하고, 신조형 미술대전에서 상을 받으면서 일러스트를 시작했습니다. 지금은 좋은 어린이책을 만들기 위해 꾸준히 작품 활동을 하고 있습니다. 주요 작품으로 <저울이 없으면 어떻게 잴까?>, <행복 찾은 농장> 등이 있습니다.

열두 띠 이야기
융합논술 전통문화 그림책

초판 1쇄 발행 2026년 1월 15일
글 김학연 **그림** 정경호
펴낸 곳 이룸아이 **펴낸이** 송수정
주소 경기도 광명시 일직로 43, GIDC B동 1305호
전화 02-373-0120 **팩스** 02-373-0121
출판 등록 2015. 10. 08.(제2015-000315호)
ISBN 979-11-88617-69-2 • 979-11-88617-16-6(세트)

www.eribook.com

ⓒ 이룸아이

저작자와 출판사 양측의 허락 없이는 이 책의 일부 혹은 전체를 인용하거나 옮겨 실을 수 없습니다.
파손된 도서는 구매하신 서점에서 교환하실 수 있습니다.